Dieses Buch gehört:

. . . .

Impressum

3. Auflage, 2025

Autorin & Verlegerin: Nadin Voß
Geschichtenzauberei, Kranichweg 12, 15299 Müllrose
Cover, Layout, Satz & Illustrationen:
Sandra Rodenkirchen – pünktchen Text- und Grafikatelier
Lektorat: Katharina Platz – Textgenau
Druck: Samson Druck GmbH,
5581 St. Margarethen
Printed in Austria

ISBN 978-3-9818842-3-4

www.geschichtenzauberei.de

Zipfel und Mütze

verpassen das Weihnachts-Postauto

von Nadin Voß

und Sandra Rodenkirchen

Dieses Buch enthält
Ausmalbilder und darf
gerne bunt werden!

Es ist Winter.

Der Wald ist tief verschneit.

Zipfel, das Eichhörnchen,

und Mütze, der kleine Waschbär,

sind Freunde.
Sie flitzen um die

Bäume und machen

eine lustige

Schneeballschlacht.

1

Zipfel klettert auf die hohe Tanne
und springt auf den Ästen herum.
„Hui, was für ein Spaß!", lacht sie.
Mütze ist von den vielen leckeren
Plätzchen ganz unbeweglich geworden.
Er kommt nicht hinterher.

Zipfel setzt zum Sprung an.

Platsch!

Da ist es schon passiert.

Mütze bekommt eine dicke Ladung

Schnee von oben.

Nur noch die Nase schaut heraus.

Zipfel hält sich den Bauch vor Lachen.
In ihrem Übermut verliert sie das
Gleichgewicht. Sie plumpst vom Ast
direkt in den Schneehaufen.

Albern kullern sie durch den Schnee
bis nach Hause.

Mützes Mama wartet bereits ungeduldig.
„Zipfel, Mütze, ihr habt wieder getobt.
Es ist Zeit für Winterruhe!
Spart eure Kraft.
Bald ist Weihnachten!"

„Weihnachten?"

Mütze und Zipfel sehen sich

erschrocken an.

„Unsere Wunschzettel sind

noch nicht fertig.

Wir müssen sie dem

Weihnachts-Postauto

mitgeben", stellt Zipfel fest.

Die beiden sausen in

Mützes Kinderzimmer.

Zipfel beginnt sofort eifrig zu malen.

Sie wünscht sich ein
Haselnuss-Aufspürgerät.
Damit sie ihre
Wintervorräte
wiederfindet.

Mütze sitzt vor
einem leeren
Blatt und
überlegt.

Er weiß gar nicht so richtig, was er sich wünschen soll. Viel lieber würde er sich einfach überraschen lassen.

„Wenn du dir nichts wünschst, dann bringt dir der Weihnachtsmann **nichts!**", ruft Zipfel ihm zu.

Mütze malt einen Tannenbaum mit Kugeln und Kerzen. Darüber noch ein paar helle Sterne. Seinen Wunsch schreibt er mit großen Buchstaben:

„Ich wünsche mir

eine Spielzeug-Dohne!"

Dann klebt er ein Bild davon daneben. Die beiden sind ganz vertieft.

Dingdingdingeldong.

Die Glocke des Weihnachts-Postautos reißt sie aus ihren Gedanken.

Erschrocken schaut Mütze zu Zipfel:

„Bald ist Weihnachten

und unsere

Wunschzettel sind

noch nicht beim

Weihnachtsmann."

Zipfel macht große
Augen: „Ach du
heilige Haselnuss.
Schnell! Los!
Wir müssen das
Weihnachts-Postauto
einholen!"
Zipfel flitzt wie der
Blitz durch den tief
verschneiten Wald.

Mütze hechelt hinter ihr her.

Er hat große Mühe,

an ihr dran zu bleiben.

Der Wald lichtet sich.

Sie erreichen einen Fluss.

„Sieh nur, dort drüben!"

Das Weihnachts-Postauto fährt

gerade über die Brücke.

„Wir müssen es einholen",

ruft Zipfel ganz aufgeregt.

Mütze atmet tief durch:

„Aber das Postauto ist viel zu schnell."

Zipfel hüpft hin und her wie

ein

kleiner

Flummi.

„Wir nehmen eine Abkürzung", ruft sie. „Der Fluss ist zugefroren. Komm, mit Anlauf schlittern wir rüber und und und Yippie."

Schon springt sie mit
einem großen Satz
auf das Eis. Sie lacht.
Mütze traut sich nicht.
Die Feuerwehr hat noch
nicht geprüft, ob das Eis
dick genug ist.

Knack, knirsch.

Da kracht es unter ihr.

Das Eis bricht.

„Hilfe, Hilfe!"

Zipfel kann sich gerade noch

auf einen Stein retten.

Zipfel muss die Brücke erreichen.

Aber wie? Das Eis ist gebrochen und

treibt in Schollen den Fluss hinab.

„Zipfel, halte durch! Vor dir im Eis liegt ein

Baumstamm. Du musst rüber springen",

ruft Mütze ängstlich vom Ufer.

Zipfel hat nur einen Versuch.

Ihr Herz klopft wie wild,

als sie zum Sprung ansetzt.

Mütze kneift die Augen zu.

Er kann gar nicht hinsehen.

Zipfel springt und erreicht den

Baumstamm ganz knapp.

Aber er ist voller Moos und Zipfel

rutscht aus.

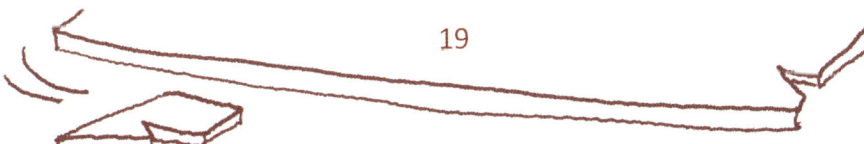

Ihr buschiger Schwanz hängt
schon im Eiswasser. Sie kann sich gerade
noch an einem Ast festhalten.

Puh, das war knapp!

Zitternd setzt Zipfel eine Pfote vor
die andere. Sie erreicht die Brücke,
die sich über ihr wie ein
unbezwingbarer
Riese auftürmt.
Ihre Knie schlottern.

20

Zipfel hat Angst.

„Hilfe!"

Ihre Augen füllen sich mit Tränen:

„Ich bin für immer verloren.

Da komme ich nie hoch."

„Ich bin hier",

ruft Mütze von der Brücke.

„Halt dich an meinem Schal fest.

Ich ziehe dich rauf!"
Zipfel hüpft zaghaft
und versucht,
den Schal zu greifen.

„Der Schal ist viel zu kurz",
ruft sie verzweifelt.
Zum Glück haben ihre Freunde die
Hilferufe gehört und eilen herbei.

Sie knoten ihre Schals zu einem langen Seil zusammen und lassen es zu Zipfel hinunter. Alle helfen mit und ziehen sie mit ganzer Kraft langsam immer höher.

23

„Boah,

wie viele Plätzchen hast

du denn gefuttert? Puh.

Ich wusste gar nicht,

dass Eichhörnchen so schwer

sein können", schnauft Mütze.

„Gleich haben wir dich."

Sie ziehen ein letztes

Mal kräftig. Zipfel purzelt

schwungvoll über das

Geländer und wirft ihre

Freunde um.

Alle sind erleichtert.

Dingding_{dingeldong.}

Aus der Ferne hören sie das

Knattern des Weihnachts-Postautos.

Zipfels Wunschzettel ist völlig

durchgeweicht und Mütze hat seinen

bei der Rettung verloren.

Traurig lassen sie die Köpfe hängen.

Hase Hoppel stupst sie an:

„Das Wichtigste ist doch,

dass euch nichts passiert ist!

Wir teilen unser Spielzeug mit euch."

Zipfel und Mütze bedanken sich.

Sie sind froh, dass sie so tolle

Freunde haben.

Am Weihnachtsabend strahlt der

Tannenbaum im Glanz der Lichter.

Aus dem Radio erklingt ein

Weihnachtslied.

Kling Glöckchen, klingelingeling, kling

„Wie schön das ist", staunen die beiden.

ckchen kling

27

Viele bunt verpackte Geschenke

liegen unter dem Baum.

Zipfel und Mütze sind ganz aufgeregt.

Was der Weihnachtsmann ihnen

wohl gebracht hat?

Sie ziehen die Schleifen
ab und reißen das Papier herunter.
„Eine Drohne", ruft Mütze begeistert.
„Wow, die fliegt sogar dreißig Meter hoch."

Zipfel tanzt freudig umher:

„Das Haselnuss-Aufspürgerät,

das ich mir schon so so so lange gewünscht

habe. Damit finde ich alle Vorräte wieder."

Zipfel und Mütze strahlen vor

Freude und wundern sich.

Woher der Weihnachtsmann

das nur gewusst hat?

Mützes Mama lächelt:

„Aber der

Weihnachtsmann

weiß doch

alles."

31

Nadin Voß

Die **Autorin** hat sich ein großes Stück kindlicher Fantasie erhalten. Wenn sie beim Spielen mit ihrem Kleinsten den Schelm in lachenden Kinderaugen sieht, entstehen in ihrem Kopf gleich Bilder zu neuen Geschichten. Zipfel und Mütze kamen ihr in den Sinn, als sie mit der ganzen Familie und Katze Lilly Hüte aufprobiert und herumgealbert hat. Ideen entstehen manchmal einfach im größten Trubel und den gibt es um Glück nicht nur zur Weihnachtszeit!

Sandra Rodenkirchen

Die **Illustratorin** und Mutter von zwei Kindern lebt mit ihrer Familie auf einem kleinen idyllischen Hof im Münsterland. Dort, wo sich sprichwörtlich Hase und Igel oder auch Eichhörnchen und Waschbär „Gute Nacht" sagen. Und so purzelten die Bilder von Zipfel und Mütze im weihnachtlichen Winterwald nur so aufs digitale Papier. Mehr zu sehen und zu lesen gibt es auf www.puenktchenpuenktchen.de

Didaktische Anmerkungen

Titel: Zipfel und Mütze verpassen das Weihnachts-Postauto

Leser: Für Mädchen und Jungen ab 6 Jahren

Lesbarkeit: Eine Weihnachtsgeschichte für Erstleser mit Ausmalbildern

Textumfang: 885 Wörter

Die Geschichte wurde speziell für Leseanfänger und leseschwache Kinder konzipiert. Der Text weist eine sehr einfache Lesbarkeit auf und ermöglicht es dem Kind schwierige Wörter durch Wiederholung einzuüben. Der Text wird durch Illustrationen und Ausmalbilder aufgelockert, so dass er auch für Kinder geeignet ist, die noch Probleme haben, sich beim Lesen über einen längeren Zeitraum zu konzentrieren. Die eingefärbten Silben dienen als Unterstützung und erleichtern das Entschlüsseln von langen/komplexen Wörtern. Die größere Schrift und die weiten Zeilenabstände erleichtern es den jungen Lesern, sich den Text zu erschließen.

Die verwendete Schriftart heißt „OpenDyslexic". Diese Schriftart wurde für Leser mit Legasthenie entwickelt, eignet sich deshalb aber auch besonders gut für Erstleser.

Verwendeter Schriftfont: http://opendyslexic.org/

Weitere Kinderbücher von Nadin Voß:

„Kindergarten? Nö, heute nicht!"
ISBN: 9783981884227

„Die Sonntagsüberraschung"
ISBN: 978-1546534532

„Schabernack –
Der kleine Fratz von Hullifatz"
ISBN: 9783981884203
ISBN: 9783000546006 (Hörspiel)

www.geschichtenzauberei.de

Entdecke die ganze **Erstlese-Reihe** von Zipfel und Mütze:
www.geschichtenzauberei.com

„Zipfel und Mütze –
Der falsche Osterhase"
ISBN: 978-3-9818842-4-1

„Zipfel und Mütze
im Feriencamp"
ISBN: 978-3-9818842-6-5

„Zipfel und Mütze
im Geisterwald"
ISBN: 978-3-9818842-5-8

„Zipfel und Mütze verpassen
das Weihnachts-Postauto"
ISBN: 978-3-9818842-3-4

Silbenschreibweise, Ausmalbilder + EXTRAS!

Mein Wunschzettel:

_____

_____

_____

_____

_____

_____

_____

_____

Mein Bild für den Weihnachtsmann:

Von:

An: